La Tourrière des Carmelites.

LA TOURRIERE
DES
CARMELITES,

SERVANT DE PENDANT AU
P. DES C.

A CONSTANTINOPLE,

Chez l'Imprimeur du Moufti.

17000.

LETTRE

de M. T..... à M. D...

NON, Monsieur, la Tourriere des Carmelites qui vous a coûté tant de recherches inutiles, n'est point un être de raison: cet Ouvrage fait pour servir de Pendant au P. des C., existe depuis trois ou quatre ans; mais n'est point sorti des mains de l'Auteur, qui m'est fort connu. Il a pour titre: *Sainte Nitouche, ou la Tourriere des Carmelites, Histoire véritable, écrite par elle même, & adressée à la Sœur Genevieve, Supérieure de la Maison de Force, à la Salpêtriere.* Le Manuscrit que j'ai vû peut faire un petit in-douze. L'Ouvrage eſt écrit purement & plus ſoutenu que Dom B. quoiqu'auſſi libertin que ce dernier Livre ; puiſque c'eſt proprement l'hiſtoire d'un mauvais lieu, il n'y a pas un ſeul mot obſcéne ou groſſier. Je ne vous dirai rien de l'Auteur qui eſt particuliérement mon ami, & dont la perſonne & le nom ſont un ſecret inviolable pour moi, ſinon qu'il eſt fort au-deſſus de cette miſére, comme il l'appelle. C'eſt une petite débauche d'eſprit qu'il a faite pour ſon propre amuſement, & pour eſſayer, à ce qu'il m'a dit, juſqu'où l'on pouvoit porter la licence, ſans uſer de termes licencieux : ce qui eſt faire, à mon avis, la cenſure de tous nos Sotiſiers modernes ; il n'a donc jamais eu deſſein en com-

composant cet Ouvrage, je ne dis pas de le publier (ce qu'il est inutile d'attendre) mais seulement de le montrer ; car ce n'est pas sans beaucoup de peine qu'il m'en a fait la confidence, & que j'en ai obtenu la lecture. Il est vrai que je l'ai lû chez lui tout à mon aise, à deux ou trois reprises; mais ce n'est que depuis un mois, qu'à force de persécutions, il m'a permis d'en faire un Extrait, que j'ai fait même sous ses yeux, mais le plus ample que j'ai pû. Comme il n'a rien exigé de moi en m'abandonnant ce morceau, je consens à vous en faire part; il vous donnera du moins une idée exacte de l'Ouvrage entier. Vous en verrez le dessein, le génie, la conduite; vous pourrez même juger du style & de la maniére d'écrire de l'Auteur, par quelqu'uns des principaux traits du Roman que j'ai eu ſoin de repréſenter.

J'ai l'honneur, &c.

A Verſailles ce...

EPI-

EPITRE DEDICATOIRE, A LA SOEUR GENEVIEVE.

Ma très-chere Sœur,

LES Vies édifiantes ne sont pas toujours les plus utiles, il est bon d'avoir devant les yeux des modeles de vertu pour les suivre ; mais il n'est pas

pas moins important de voir quelques tableaux du vice pour en concevoir de l'horreur. Pleine de ce principe, dont j'ai l'expérience, j'ai formé le projet le plus ſingulier qui puiſſe entrer dans la tête d'une Fille, & c'eſt d'écrire mon Hiſtoire. Graces à la Providence, après tous mes égaremens, je ſuis dans un azile paiſible, où j'ai tout le loiſir qu'il me faut pour repaſſer dans les vifs regrets de mon cœur, tous les momens de ma voluptueuſe jeuneſſe. Devouée autrefois toute entiere aux ſales plaiſirs du Public, & maintenant inutile au monde, j'ai cru devoir travailler à ſon inſtruction; je ne cacherai rien des circonſtances de ma vie, je veux me montrer telle que j'ai été, & l'on verra mon ame toute nuë. Je rougirai ſans doute moi-même, des excès que je vais décrire; mais je ne dois point m'épargner

gner cette confusion salutaire : & plus la peinture de ma vie lubrique aura de force & de vérité, plus je m'imagine la rendre utile à moi premiérement, & ensuite aux autres. Si l'on trouve que je n'ai point assez ménagé l'imagination des Lecteurs, j'ai du moins respecté les yeux & les oreilles ; c'est tout ce qu'on demande aujourd'hui, & pourvû que les objets soient voilés, la gaze n'est jamais trop fine, même au gré de notre sexe. Au surplus, il en est de cette naïve Histoire comme d'une infinité d'autres Livres, dont tout le danger ne consiste que dans les dispositions de ceux qui les lisent. Quant à moi, dans l'état de pénitence où je suis, je me devois cette espéce de confession publique. Je prie mes Lecteurs de l'entendre avec toute la simplicité d'intention que j'ai eu en l'écrivant, & c'est dans ce même *esprit, ma chere Sœur, que j'ai pris la liberté de vous dédier cet Ecrit.*

Je suis avec un profond respect,

Ma très-chere Sœur,

Votre très-humble & très-obéissante Servante,
AGNE'S P....

LA

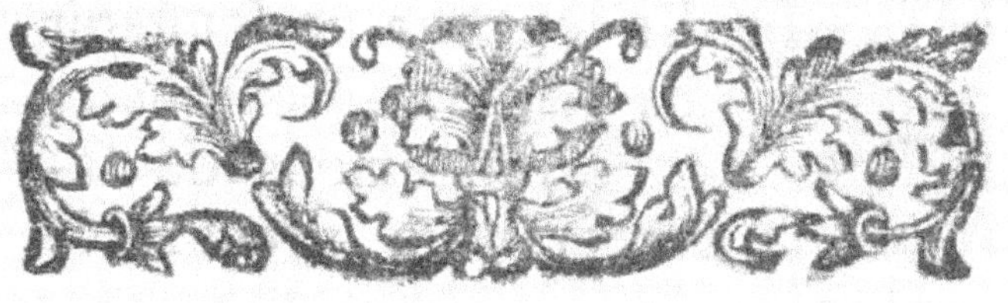

LA TOURRIERE DES CARMELITES,

Servant de Pendant au P. des C.

MA naiſſance annonçoit ce que je ſerois un jour, & ce que je ſuis ; je veux dire, mon goût pour le plaiſir, & ma vocation pour la retraite ; ma mere née de fort honnêtes gens, mais d'une médiocre fortune, & la cadette de trois Sœurs, étoit fort jolie, &

à l'âge de dix-ſept ans ne ſongeoit à rien moins qu'à être Religieuſe, lorſque des arrangemens de famille la forcerent à prendre le voile chez les Urſulines de la Ville de N.... On ne conſulta dans cette diſpoſition ni ſon goût, ni ſon temperament Elle étoit extrêmement éveillée, & pour peu qu'on eût examiné ſa complexion, tout proteſtoit contre la violence qu'on lui faiſoit; elle n'étoit même plus maîtreſſe de ſon penchant, & un jeune homme du voiſinage poſſédoit entiérement un cœur tout prophane, que l'on vouloit donner à Dieu malgré ſoi. On devine aiſément les ſuites de cet engagement forcé.

Sœur Radegonde eut une maladie de langueur, qui épuiſa inutilement toute la ſcience des Medecins,

cins, & qui la conduifit au bord du tombeau; on ne fçavoit plus que lui faire quand un Medecin de Paris s'avifa, pour derniere refsource, d'ordonner les Eaux de Forges. On fe porta d'autant plus volontiers à ne lui pas refufer ce fecours, que la Prieure de la Maifon, percluse d'une partie de fon corps, étoit condamnée depuis long-tems à faire ce voyage.

L'Amant de Radegonde qui avoit toujours entretenu un commerce de lettres avec elle en fut averti, & ne manqua pas de fe trouver fur la route. Ils fe virent à Forges tout à leur aife, & leurs fréquentes entrevûës furent plus efficaces que les eaux: Sœur Radegonde fe trouva guerie, & la Prieure vint reporter fes os au Couvent.

Ma mere (reprend l'Hiſtorienne) qui n'avoit goûté avec Duvilly les premiéres douceurs de l'amour, que pour les regretter plus vivement, crut être inconſolable de cette ſéparation, & rouloit mille projets de ſortir du Couvent, lorſqu'elle y trouva un Conſolateur plus énergique que ſon Amant. Le Pere Arlot, vigoureux Mathurin, âgé de 40 ans, avoit ſuccédé au Pere Colard, qui étoit hors de combat depuis un an. Bien tôt il démêla la Sœur Radegonde, & lui connut du tempérament, dont il reſolut de profiter. „ Amours de Radegonde & „ du Mathurin". Ma mere (continuë la Tourriere) ne s'en tint pas-là. Le Jardinier de la Maiſon, gros garçon très-ruſtre, mais qui promettoit encore plus que le Pere re Arlot, lui parut propre à remplir le vuide, que les besoins de quelqu'autres Sœurs & la charité du bon Mathurin rendoient inévitables; & elle s'en servit avec succès.

Je fus formée dans le cours de ces divers incidens; car ma mere devint grosse de moi six semaines après son retour de Forges; ensorte que la paternité est restée depuis indécise entre Duvilly, le Pere Arlot & le Jardinier. Quoiqu'il en soit, j'appartiens sûrement à un des trois, à moins qu'on ne me veuille donner trois peres: je ne poursuis point la vie de ma mere, il ne s'agit ici que de la mienne &c. ,, Accouchement de ,, Sœur Radegonde. On mit l'en- ,, fant sur le compte du Mathu- ,, rin, qui se crut en conscience ,, char-

„ chargé de ſon ſort, & ajuſta
„ tout avec la Prieure.

„ Agnès (c'eſt le nom de la
„ Tourriere) eſt miſe en nourri-
„ ce. Soins paternels du Pere Ar-
„ lot. Premiére éducation d'A-
„ gnès. A dix ans on trouve à
„ propos de lui faire prendre l'air
„ natal, & elle entre dans le Cou-
„ vent de ſa mere ſur le pied de
„ ſa Niéce. Portrait d'Agnès".

La nature, dit-elle, m'avoit formée de la figure la plus trompeuſe, & la plus propre à cacher tous les excès du vice ſous l'apparence de la vertu. Un air de candeur & de modeſtie, pour peu que j'euſſe aidé mon viſage, m'auroit fait paſſer pour un Ange, & l'on m'appelloit ſainte Nitouche, nom que j'ai toujours retenu depuis ; & je l'avouerai, le ſeul trait que

que j'ai conſervé du Couvent.

La faute de ma mere étoit oubliée, tout avoit été conduit dans un grand ſecret: elle entra dans les emplois de la Maiſon, & j'y fus regardée comme une fille à qui on vouloit inſpirer le goût du Cloître.

„ Sainte Nitouche reſte deux „ ans dans l'habit ſéculier: elle „ entroit dans ſa treiziéme année „ quand un incident lui décou„ vrit le ſecret de ſa naiſſance. Le „ Pere Arlot s'étoit retiré, & s'é„ toit déchargé du ſoin de ſa fille „ ſur la mere, qui étoit alors „ Prieure. Nouvelle intrigue de „ Radegonde avec le Chapelain „ de la Maiſon, gros Sémina„ riſte, qui avoit ſuccedé au Ma„ thurin".

Je me défiois, dit la Tourriere, de

de ce qu'elle alloit faire si souvent avec le Chapelain dans la salle des hôtes; & comme la curiosité n'a jamais été mon moindre défaut; je m'y cachai un jour, à dessein de l'épier, sous une table couverte d'un grand tapis. La Prieure & le Chapelain ne tarderent pas à s'y rendre. Une Bergere des plus commodes étoit le théâtre de leurs plaisirs. Bien-tôt je vis le saint homme dans la posture où le Prophéte Elisée se mit pour ressusciter l'enfant de la veuve

Ménage-moi, cher ami, disoit-elle, ne gâtons rien par notre imprudence, il m'en a déjà coûté cher ... A ce mot, le Chapelain s'arrêta, il voulut la faire expliquer sur ce qu'il ne sçavoit déjà que trop: elle se défendit quelque tems, & enfin elle lui raconta sa

foi.

foibleſſe pour Duvilly, & toute l'avanture de Forges. Elle voulut pourſuivre l'hiſtoire de ſes amours avec le Pere Arlot ; le Chapelain avoit tout appris de ce Religieux, & la prévint en lui rappellant nombre d'anecdotes dont à peine elle ſe ſouvenoit. Il ajouta qu'il lui avoit réſigné ſa perſonne avec le confeſſionnal ; mais le bon Pere Arlot, reprit-il, étoit un peu jaloux de votre Jardinier : il me reſte à ſçavoir ce qui s'eſt paſſé entre vous. Vous me devez la vérité à ce tribunal encore plus qu'à l'autre.

Ma mere avoua à M. Adam l'uſage qu'elle avoit fait du *Mazette*, & ils reprirent leur premier entretien. Ma mere tout en exhortant le Prêtre à la ménager, le ſecoüoit vivement, ſa bergere s'agitoit, cra-

craquoit & plioit. M Adam voulut se retirer ; je vis dans ce moment ma mere le serrer vigoureusement, & former pour le retenir, une double chaîne de ses bras passés à son col, & de ses jambes entrelassées dans les siennes Elle lui disoit d'une voix mourante : Mon cher, acheve..... Ah! plus doucement... acheve donc .. vîte .. acheve avec moi ... Je ne sçais point ce qu'acheva le Prêtre, du moins je l'ignorois alors ? Je peins ce que je vis, & ce qui me donna les premiéres idées de l'amour : je fis dans cette heureuse journée deux découvertes importantes, l'une que j'étois fille de la Prieure que j'avois prise jusques-là pour ma Tante ; l'autre des moyens auxquels je devois ma naissance.

Pendant cette scene intéressante j'étois

j'étois presque agitée des mêmes mouvemens que ma mere, du moins je n'en perdois aucun; & rien sous mon tapis n'échapoit ni à mes yeux ni à mes oreilles: la posture où je m'étois mise étoit un peu génante, je voulus en prendre une plus commode, pour entendre la suite de leur entretien; & je fis en me remuant un bruit qui effaroucha les amours, & glaça nos Amans de frayeur. Ma mere tremblante pressa le Chapelain qui n'étoit guéres plus assuré qu'elle, d'aller regarder sous la table, & l'on découvrit l'embuscade. „ Inquiétude & perplexité de „ Sœur Radegonde. Questions „ plaisantes qu'elle fait à sa fille, „ pour s'assurer de ce qu'elle avoit „ vû ou entendu. Réponses naï- „ ves d'Agnès où l'on entrevoit „ pour-

„ pourtant un peu de malice, ce „ qui donne lieu au Chapelain de „ dire à la Mere : Entendez-vous, „ chere Eve, la petite masque. „ Je gage qu'un pepin de la pom- „ me dont nous avons goûté tant „ de fois, a déjà germé dans son „ cœur ? Embarras de Radegonde, „ incertaine du parti qu'elle doit „ prendre à l'égard de sa fille. „ Après avoir bien raisonné sur „ cet incident, ils concluent à „ la mettre dans leur mistere ; & „ la reconnoissance entre la fille & „ la mere se fait dans toutes les „ régles du théatre

„ Depuis ce tems Agnès n'est „ plus occupée qu'à chercher les „ moyens de faire à son tour l'ex- „ périence des douceurs qu'elle a „ vû goûter à sa mere ". J'avois tout remarqué, dit-elle, postures, atti-

attitudes & mouvemens; mais j'étois encore loin du but, & ma pénétration n'alloit pas jusqu'à la différence des sexes? Je couchois quelquefois avec une fille à peu-près de mon âge, & il suffit à des filles de coucher ensemble pour être bien-tôt inséparables? Une recruë de Pensionnaires nous mit à l'étroit pour quelques jours, & j'eus ma compagne de couche. Je voulus essayer dès la premiére nuit ce que j'avois vû faire à ma mere; & comme il m'avoit paru que les impressions du plaisir étoient les plus vives chez elle, sans faire la distinction de l'agent ou du patient, je fis mettre ma bonne amie à-peu près dans l'attitude où étoit le Prêtre, & je contrefis de mon mieux ma mere. Mais après nous être inutilement échauffées pendant

dant plus d'une heure, ſans avoir ſçu même nous procurer les plaiſirs que deux femmes peuvent ſe donner. Le peu de ſuccès de notre entrepriſe & les reflexions qu'il nous donna lieu de faire, vinrent m'éclaircir ſur ma ſottiſe.... Il y avoit un petit garçon attaché depuis ſix mois à la maiſon, pour faire les commiſſions de la Ville, & qui avoit ſes entrées libres dans la clôture.

Le petit Michel (c'eſt ſon nom) venoit d'être habillé aſſez proprement, il avoit la tête jolie; & quoiqu'il ne parût qu'un enfant à cauſe de ſa petiteſſe, il avoit au moins 15 à 16 ans.

Ce fut ſur ce champion que je jettai les yeux, pour tirer de lui les ſervices que M. Adam rendoit à ma mere. Sa jeuneſſe ne m'empêchoit

pêchoit point de penſer qu'il n'eût auſſi bien qu'un homme fait, tous les avantages de ſon ſexe ; & c'eſt tout ce que je demandois ? Il alloit & venoit librement par-tout ; c'étoit à moi à ménager le moment de nous trouver ſeuls, & je l'eus bien-tôt trouvé.

„ Avance d'Agnès au petit Michel, qu'elle tâche d'inſtruire : elle le fait bander, & il la ratte après deux ou trois tentatives. Enfin à force d'eſſayer toutes ſortes d'attitudes, il vient à bout de la dépuceler. (Cette deſcription trop longue pour être tranſcrite, eſt un des plus forts morceaux de l'ouvrage.) Embarras du petit Michel, à la vûë du ſang qui a été répandu dans le combat : ils ſe mettent tous deux à pleurer.

„ Ce coup d'essai leur avoit „ trop bien réussi pour en rester-„ là ; leurs entrevûës deviennent „ fréquentes , & bien-tôt ils se „ voyent avec si peu de précau-„ tion, qu'ils sont un jour surpris „ par la Dépositaire Portrait de „ cette vieille Religieuse qui n'a-„ voit pas toujours é é irrépro-„ chable, & qui avoit fait même „ un enfant. Recit plaisant qu'elle „ fait de cette découverte à la Su-„ périeure qui reconnoit son sang, „ dit l'Historienne. La Prieure „ fait venir sa fille & le petit Mi-„ chel, & après les avoir inter-„ rogés sur faits & articles, dé-„ fend au dernier l'entrée de la „ Clôture. Nos jeunes Amans „ trouvent le secret de se voir par „ le tour de la Sacristie, & enfin „ ils s'en donnent tant, que le pe-

„ tit

„ tit Michel tombe malade. Si-
„ tuation d'Agnès. On attribuë
„ ſa maladie à leur ſéparation, &
„ la bonne Prieure conſent à lui
„ faire voir ſa chere Agnès. Effets
„ de cette vûë ſur ces jeunes A-
„ mans. Le petit Michel guérit,
„ & Agnès éprouve les premiers
„ ſymptômes d'une autre mala-
„ die, qui eſt le fruit de la ſien-
„ ne. La Prieure s'apperçoit de ſa
„ groſſeſſe, & ne l'a pas plûtôt vé-
„ rifiée, qu'elle chaſſe le faiſeur
„ d'enfans. L'enflure d'Agnès par-
„ venuë au point de ne pouvoir
„ plus ſe cacher, malgré toutes
„ les précautions de ſa mere, elle
„ eſt miſe en penſion chez une
„ Sage-Femme, & elle accouche
„ ſecretement. Un jeune Chirur-
„ gien, neveu de la Matrone, dé-
„ couvre & voit par hazard A-

 „ gnès,

„ gnès, ils prennent bien-tôt du
„ goût l'un pour l'autre; & Agnès
„ avant d'être relevée, a de nou-
„ veaux gages de fécondité, qu'-
„ elle ignore: la voilà bien reta-
„ blie en apparence & réhabili-
„ tée fille, à ce qu'elle croyoit;
„ car la foiblesse qu'elle avoit eu
„ pour ce nouvel Amant ne lui
„ paroissoit pas tirer à conséquen-
„ ce dans les suites d'une couche;
„ & le jeune Chirurgien en hom-
„ me de métier, l'avoit bien rassu-
„ rée sur cela. La Prieure juge à
„ propos de la faire revenir au
„ Couvent & de lui faire prendre
„ le voile, bien resoluë de l'ob-
„ server si bien, que si elle avoit
„ du tempérament, elle n'auroit
„ jamais les moyens de le satis-
„ faire: c'étoit le seul parti qu'il
„ y avoit à prendre; car abandon-
„ née

„ née à ſes ſoins, qu'en eut-elle „ fait dans le monde, n'ayant „ d'autre patrimoine à lui donner „ que ſa Guimpe, & une voca- „ tion des plus équivoques. Au „ bout de deux mois de Clôture, „ Agnès retombe au même état „ que l'avoit mis le petit Michel. „ Inquiétude & perplexité de la „ bonne Prieure, qui s'en apper- „ çoit au premier ſymptôme, & „ qui ne ſçauroit concevoir, com- „ ment avec toutes les précau „ tions qu'elle a priſes, ſa fille a „ pû tâter une ſeconde fois du „ fruit défendu. Elle lui donne à „ ce ſujet la queſtion, elle lui fait „ avoüer enfin que cette nouvel- „ le groſſeſſe eſt le fruit du ſé- „ jour qu'elle a fait chez la Sage- „ Femme, & qu'un ſien neveu a „ fait ce miracle. Le cas deve-

„ noit plus embaraſſant que la „ premiére fois à cauſe du voile, „ mais Agnès heureuſement n'é„ toit que Novice: on feint que „ dégoûtée du Couvent, elle de„ mande à rentrer dans le mon„ de, & on la remet chez la „ Sage-Femme qui avoit pris la „ précaution d'envoyer ſon ne„ veu faire des enfans à Paris. „ Agnès accouchée & bien dûe„ ment relevée, ſa mere ne ſça„ chant plus qu'en faire, l'adreſſe „ à Paris comme une orpheline, „ à une Tante fort dévote & „ fort riche, qu'elle charge tout „ à la fois de ſa fortune & de ſa „ conduite. Agnès eſt reçuë par „ la Tante, & miſe entre les „ mains de ſa Femme de-Cham„ bre pour lui être ſubordonnée „ & ſe mettre en état de lui

„ ſuc-

„ ſuccéder un jour. Dégoût d'A-
„ gnès pour une condition qui
„ lui paroît d'autant plus dure,
„ qu'elle enviſage dans ſa Maî-
„ treſſe une Parente dont elle ne
„ peut ſe faire avouer. Ces ſen-
„ timens d'élévation ſont bien-
„ tôt étouffés par une paſſion
„ dominante : elle devient amou-
„ reuſe du petit laquais de la
„ maiſon, & devient groſſe pour
„ la troiſiéme fois. La grande
„ Tante s'en étant apperçuë é-
„ crit à ſa Niéce, dans le deſſein
„ de lui envoyer Agnès. Une
„ telle fécondité fait frémir ſa
„ mere ; mais indulgente pour
„ ſon ſang, à force de prieres,
„ elle obtient de ſa Tante de ne
„ point abandonner Agnès pour
„ cet accident.

„ La bonne Tante touchée du

„ fort de cette orpheline, la fait
„ accoucher hors de chez elle ; &
„ aussi-tôt qu'elle est ré ablie, elle
„ la met en apprentissage chez
„ une Lingere du Palais, en lui
„ recommandant bien de veiller
„ sur sa conduite". Dès que je
parus au Palais (dit l'Historienne)
j'emportai tous les cœurs & tous
les suffrages : on abandonna toutes les autres filles, & je devins
l'objet des agaceries de tous les
fureteurs galans que la chicanne
ou la curiosité y attire. J'étois placée pour l'étalage au milieu d'une
brillante boutique ; Gens de robbe & d'épée alloient & venoient
continuellement pour reconnoître
la place & Dieu sçait, comment j'étois lorgnée. Un jeune & galant
Clerc eut l'honneur de m'imatriculer au Palais, & me fit faire mes
pre-

premiéres armes ; mais notre commerce dura peu. La Lingere qui avoit été un peu trop facile, vieille alors, étoit févere à proportion, & nous puniſſoit, trois filles que nous étions à peu-près du même âge, d'être plus jeunes qu'elle. Je fus inſtruite dès le ſecond ou le troiſiéme jour de toute ſa vie par une de mes compagnes, qui la ſçavoit par tradition de celle qu'elle avoit remplacé, cette derniére l'avoit appriſe de ſon ancienne. Notre Pédante avoit été célébre dans tous les ordres La Nobleſſe, le Clergé, la Robbe & le Tiers-Etat, avoient partagé les momens d'une jeuneſſe utilement employée & prolongée même au-delà des bornes ordinaires Toute ſon auſtérité ne m'empêcha point de pouſſer aſſez loin dans la Cléricature, & je mis toute la Basoche à contribution. Plus je servois l'amour, plus il me sembloit me recompenser de mon culte par de nouveaux charmes : trois couches qui s'étoient suivies de si près n'avoient fait que m'embellir. La Lingere, malgré ses scrupules, avoit été jusqu'alors assez indulgente, & avoit passé sur toutes mes dissipations ; mais je gardai si peu de mesures, que pour réprimer ma coquetterie, elle résolut de me confiner pour quelque tems au magasin. Je ne sçai si elle ne me traitoit point en rivale, du moins c'est l'esprit de toutes les vieilles femmes qui ont été galantes. Celle-ci de plus étoit un peu dévote ; qualité qui acheve le ridicule : me voilà donc condamnée au bout de deux mois à l'obscurité du magasin,

gasin. Les Soupirans disparurent en même tems, la boutique devint déserte, & le débit se ressentit de mon éclipse. L'intérêt fit ouvrir les yeux à ma Maîtresse, quoique bornée aux Clercs ; j'attirois toujours quelque emplette. Elle compta donc avec elle-même, & s'appercevant de sa solitude, elle résolut de me rendre au spectacle, sauf tout ce qui en pourroit arriver.

Je parus après cette petite retraite qui n'avoit servi qu'à me reposer le teint, plus piquante & plus jolie que jamais. Du jour que je fus réintegrée, (passez-moi ce mot ma chere mere, je parle la langue du Pays) du jour donc que je repris ma place, la boutique ne désemplit point ; les jeunes Avocats y vinrent en foule, & firent bien-

bien-tôt déserter les Clercs. Aux Avocats succéderent les Sénateurs. Et déja lorgnée par un Président, j'allois m'élever à la haute robbe, lorsqu'un vieux Pilier du Palais, Doyen de tous les Intendans du monde, me fit de solides propositions, & m'offrit de me mettre dans mes meubles J'acceptai sans balancer le parti, le nom de fille entretenuë me revenoit beaucoup; je me faisois une agréable idée de cette condition. Ainsi je quittai sans regret ma Lingere, & je renonçai à tous les honneurs que le Palais m'offroit en perspective, pour avoir le plaisir de plumer ce paillard qui en avoit tant plumé d'autres.

„ Agnès vit environ six mois „ en assez bonne intelligence a- „ vec l'Intendant, & pour son

„ coup

„ coup d'essai le mène grand train; „ la fille de théatre la plus expé- „ rimentée n'auroit pas mieux „ fait". Il est vrai, dit-elle, que par moi-même j'aurois eu assez de peine à réussir aussi-bien que je fis, & que je profitai bien des lumiéres d'un Gendarme que j'avois pris pour Amant, & avec qui je partageois les libéralités de son vieux Rival.

„ L'intrigue d'Agnès avec le „ Gendarme est découverte par „ l'Intendant, il médite de la „ quitter & de lui reprendre tout „ ce qu'il lui a donné. Instruite „ de son dessein par le Tapissier „ qu'elle avoit mis dans ses inté- „ rêts, elle le prévient, & plie la „ toilette; elle change de quartier „ & de nom, & s'établit avec son „ Gendarme. Ils vivent assez pai-

„ ſiblement tant que leurs fonds
„ durent, mais malheureuſement
„ le Gendarme jouoit un peu &
„ buvoit beaucoup; Agnès de ſon
„ côté aimoit la dépenſe. Deux
„ mois virent la fin de leur caiſſe
„ & de leur bonne intelligence.
„ Les meubles & les nippes furent
„ venduës peu à peu pour ſubſiſ-
„ ter, & la brouillerie entre ces
„ Amans s'introduiſit dans leur
„ ménage avec la miſére.

„ Agnès réduite à une ſeule
„ robe, & retombée dans un état
„ pire que celui d'où l'avoit tiré
„ l'Intendant, eſt obligée d'aban-
„ donner le Gendarme. Conſeils
„ déſintéreſſés qu'il lui donne en
„ la quittant, comme de ne s'at-
„ tacher à perſonne, de bien piller
„ tout ce qui tombera dans ſes
„ mains, & de ſe mettre au-deſſus

„ des

„ des foibleſſes dont il avoit tant
„ profité lui-même.

„ Agnès qui ſe trouve toute
„ nuë, n'étoit malheureuſement
„ guéres en état de profiter de
„ ces utiles avis ; elle ne connoiſ-
„ ſoit point encore de ces fem-
„ mes commodes qui retirent cha-
„ ritablement les filles qui ſont
„ ſans feu ni lieu , comme elle
„ étoit alors. Que faire dans cette
„ extrêmité ? La profeſſion de
„ Lingere lui avoit réuſſi ; elle
„ trouva moyen d'entrer chez une
„ groſſe Marchande de modes ruë
„ Saint Honoré, où il y avoit un
„ regiment de filles". Là venoient
en foule, dit-elle, vieux milans, blancs becs, jeunes étourneaux, tous les oiſeaux de proye du quartier ; mais quoique dans le plan de vie que je m'étois fait mon tem-

tempérament entrât pour beaucoup, je commençois à être intéreſſée, & la miſére où je m'étois vûë me faiſoit ſentir le prix de l'argent que l'abondance fait ignorer. Je me laiſſois moins prendre les yeux, & mon point de vûë étoit de fixer quelque honnête homme d'un âge mur, de ces gens faits pour être dupes des femmes, & non de ces aimables trompeurs, dont la plûpart des femmes ſont dupes. Je couchois en jouë un gros Caiſſier qui approchoit de ſoixante ans, & qui venoit tous les jours chez nous acheter quelques galanteries pour avoir lieu de m'entretenir; il me fit quelques propoſitions, mais je fis trop la reſervée, ou je marchandai trop avec lui: le Papa n'aimoit point à ſoupirer long-tems, une de mes camarades ſçut

ſçut bien à propos ſaiſir un moment de dépit, & me l'enleva. Cet incident me corrigea bien, & me fit tomber dans une extrêmité contraire. J'étois toujours comme à l'affut, & j'outrai tellement la coquetterie, que ma trop grande facilité écarta nombre de gens qui paroiſſoient m'en vouloir. On me crut plus d'expérience que je n'en avois, & tout ce que je gagnai dans cette boutique après deux mois d'attente & d'agaceries, fut de mettre aux champs quelques appareilleuſes qui me jugerent propre à rétablir leur commerce. Deux des plus célébres entr'autres ſe diſputerent mon acquiſition, & voulurent me dérober aux yeux du Public pour me mettre en détail à contribution. Elles me firent chacune à part leurs propoſitions,

& je paſſai ſous la diſcipline de celle qui me perſuada le mieux.

Ici commence, ma chere Sœur, le tiſſu malheureux d'une vie dont vous avez chez vous mille tableaux vivans.

„ Voilà Agnès initiée & femme
„ du monde. L'honnête femme
„ qui la produiſoit eut ſoin de
„ ſon ajuſtement qui n'étoit point
„ en trop bon état : on ne lui
„ laiſſoit point voir de jeunes
„ gens, on l'annonçoit myſtérieu-
„ ſement ſous la qualité d'une
„ jeune femme qui trompoit la
„ vigilance de ſon mari. Bien-tôt
„ ſous ce nouveau perſonnage elle
„ fut extrêmement employée, &
„ fit couler l'or abondamment
„ chez la Patronne ".

Quelle vie, ma chere Sœur, s'écrie-t-elle ici! Quelle agréable con-

condition ! Objet de nouveaux feux qu'on éteint & que l'on rallume ſans ceſſe, les plaiſirs de la table & ceux de l'amour ſe ſuccédent ou ſe confondent vingt fois par jour. Quel état charmant, s'il étoit durable ! Comme j'avois le corps extrêmement beau, j'étois continuellement expoſée à tous les caprices de l'imagination, à tous les rafinemens de la volupté ; & j'épuiſai bien-tôt tous les crayons de *Clinchetel*.

Je me ſouviens d'un gros Prieur, qui pour ſoulager ſon embonpoint monſtrueux, s'étoit aviſé de cet expédient *. Il me faiſoit coucher toute nuë ſur un lit de ſangle dans ma poſture naturelle ; deux filles des plus ſouples qu'on pouvoit trouver ſe mettoient ſous le lit, & par

* Trait de Petrone.

par secousses réitérées de leur dos nous donnoient une élasticité merveilleuse.

„ Mais il n'est point de plaisirs „ purs, & la vie la plus voluptueuse est toujours mêlée de „ quelques disgraces.

„ Un jour cinq Mousquetaires „ entre deux vins vinrent fondre „ dans le réduit d'Agnès". Je tenois, dit-elle, un petit Traitant, dont par des caresses forcées j'achevois de vuider la bourse Un parti d'Hussards qui surprend un Couvent de Religieuses ne leur cause guéres plus d'allarmes, que cette jeunesse mutine en donne aux femmes de notre profession. Le Traitant, homme pacifique & mur, voulut se retirer sur le champ. Un Mousquetaire le prit par le bras & lui dit, que loin de vou-

vouloir troubler ſes plaiſirs, ils étoient venus pour les partager, & qu'enfin ils vouloient boire avec lui. Le Bourgeois les laiſſa maîtres du champ de bataille & fit prudemment ſa retraite. Voilà nos étourdis en poſſeſſion de la place. Comme il étoit tard & qu'en ce moment j'étois ſeule avec la Patronne, je fus ſeule à la merci de leur pétulance. Ils firent venir force vin pour s'achever; & je fus bien-tôt en bute à leur fougue. Trois des plus échauffés me ſaiſirent, & m'ayant fait mettre toute nuë ſur un lit, ſe partagerent ainſi leurs poſtes: l'un, ſuivant les expreſſions de ces libertins, étoit par devant à la ſappe, l'autre qui travailloit par derriére, attachoit le mineur à la place, & le troiſiéme qui inſtrumentoit dans ma bouche

che les contreminoit ; un quatriéme battoit la mesure pour régler leurs mouvemens, de façon que les trois décharges se firent en même tems : & bien tôt je fus inondée de la séve qui fermentoit chez eux depuis les pieds jusqu'à la tête.

Ce nouveau genre de débauche me donna quelque goût pour les plaisirs recherchés. J'imaginai depuis plusieurs attitudes qui m'ont fait quelque honneur dans le monde, & que je n'ai point la vanité de décrire ici.

Tout alloit bien jusques-là, quand nos Mousquetaires à force de boire s'acheverent si bien, que la nuit étant avancée, il ne fut plus possible de s'en défaire. L'un d'eux yvre-mort, tombe en vomissant au milieu de la chambre, & sans pou-

pouvoir ſe relever, s'endort, nageant dans les flots de vin : un autre en lutinant à terre la Patronne qu'il vouloit dépuceler, diſoit-il, fut auſſi ſurpris du ſommeil : un troiſiéme répandu ſur une bergere, ronfloit de tout ſon cœur le verre à la main, inondé du vin qui diſtiloit ſur lui : un quatriéme, après s'être échaffaudé ſur moi, s'endort ſur le métier où il s'étoit ſi bien incruſté, que j'eus toutes les peines du monde à le déſarçonner : enfin le cinquiéme enyvré des camouflets qu'il avoit donnés à ſes camarades, s'endormit à ſon tour ſur la table. Repréſentez-vous, s'il ſe peut, ce coup-d'œil, digne du crayon de *la Fage*. Pour la Patronne & moi nous paſſames la nuit tantôt à peſter contre les Mouſquetaires, & tantôt à rire

rire de leur figure. Le jour vint, & le diſtributeur des camouflets, qui fut le premier éveillé, ſonna le boute-ſelle, en mettant tout ſans deſſus deſſous. Ses camarades ſe leverent, mais auſſi-tôt qu'ils apperçurent leurs habits & leurs chapeaux qui traînoient parmi les débris de leur ſouper, cette vûë les mit de très-mauvaiſe humeur; je ne pus retenir un ris indiſcret que cet affreux tableau m'arracha, & je fus payée ſur le champ d'un énorme ſoufflet. La maîtreſſe du logis voulut leur repréſenter doucement le ſcandale de cette impoliteſſe, & en reçut deux ou trois pour ſa part. C'etoit une Picarde vive, trés-peu docile, & aguerie à de pareilles ſcenes. Elle ne voulut pas reſter ſans replique, & ſe ſaiſit auſſi-tôt d'une chaiſe pour la jetter

jetter au ſoufleteur. Ce mouvement les ſouleva tous. Bientôt les glaces, le lit, la commode, la table & les chaiſes furent en canelle. Je me mis imprudemment à crier par une fenêtre; le guet qui ſe retiroit alors accourt au bruit, force la porte de la ruë & monte : on prie poliment nos cinq Mouſquetaires de vouloir bien ſe retirer pour ſe repoſer des fatigues de la nuit, & l'on nous mène chez le Commiſſaire. Il nous envoya à *Saint-Martin*, & peu de jours après nous ſommes conduites dans votre Communauté. Voilà, ma chere Sœur, l'époque de notre connoiſſance. Je fus de cette premiere fois trois mois en aſſez bonne compagnie dans votre Maiſon, & je profitai bien de cette retraite. Je m'étois bien promis pourtant de changer tout mon plan de vie, mais résolution frivole. De quel changement étois-je capable? Accoûtumée comme j'étois aux douceurs d'une vie oisive & voluptueuse, les disgraces qui l'accompagnoient ne m'effrayoient plus, par l'expérience que j'en avois faite; & je sortis enfin de chez vous un peu plus corrompuë qu'auparavant.

„ Agnès avant de sortir de la „ Salpétriere, étoit arhée par trois „ célébres appareilleuses qu'elle y „ avoit trouvées. Elle rentre dans „ le monde & va s'établir au „ Fauxbourg Saint-Germain; sa „ vie publique pendant cinq „ mois, succession de misére & „ de prosperité. Tantôt bien éle„ vée au-dessus de sa condition, „ tantôt rabaissée aux laquais, elle „ par-

,, parcourt ſous differens noms
,, dont elle changeoit comme de
,, gîte, tous les reduits galans du
,, Fauxbourg, comme un écolier
,, que le goût paſſager du cloître
,, jette dans un froc, vole de
,, Couvent en Couvent ſans pou-
,, voir fixer ſon inconſtance". Il ne m'arrive pendant tout ce tems, continuë Agnès, que les petites aubaines ordinaires inſéparables de notre commerce Mais à force de prodiguer mes faveurs, je contractai la lépre contagieuſe que toutes les eaux du Jourdain ne ſçauroient laver; au reſte, je l'avois bien meritée, car ſi grand nombre de mes ſemblables qui gémiſſoient de leur état, ne continuoient que par neceſſité ou par habitude, le temperament m'emportoit. Je n'ai jamais vû un hom-

me bien conformé qui ne m'ait fait de vives impreſſions ; & le nombre, au défaut du choix, rempliſſoit toujours agréablement mon cœur. Il falloit que la Nature m'eût doüé d'un merveilleux fond de ſentiment, pour qu'il ne fût point encore émouſſé, comme je le remarquois dans bien des filles, qui beaucoup plus jeunes que moi, avoient auſſi bien moins de ſervice.

Un jour dans un célebre attelier où j'étois établie de la veille, il vint un homme bien mis & de bonne mine, qui après avoir paſſé en revûë toute la Communauté, s'arrêta à me conſiderer avec une ſorte de ſurpriſe. J'eus le mouchoir, & quand nous fûmes ſeuls, il me fit cent queſtions ſur ma naiſſance, mon état, mon païs.

Je

Je crus que c'étoit un *Entreteneur*, comme nous appellons ces Meſſieurs, & je lui dis ſur ce fondement tous les menſonges qui pouvoient m'être utiles, ſans lui cacher les vérités dont je crus tirer quelque avantage. Il me fit entre autres une queſtion qui m'embaraſſa, il me demanda ſi je n'avois point une Tante Religieuſe en Province; je crus me donner quelque conſideration, en lui confeſſant que j'avois en effet une Tante Urſeline à N.... à laquelle je reſſemblois beaucoup. Il m'en demanda des nouvelles, je ne ſçus que lui répondre, & je me mis à pleurer. Il ajouta qu'il l'avoit connuë dans ſa jeuneſſe, & qu'ils s'étoient rencontrés aux Eaux de Forges dans les commencemens de ſa Profeſſion. Je l'enviſageai mieux ſur cette ouverture, je me rappellai Duvilly & toute la converſation de ma mere avec le Chapelain. Je ne doutai plus que ce Cavalier ne fût le héros de l'hiſtoire que j'avois entenduë ; & je trouvai ma mere de très-bon goût. Cependant pour ne pas perdre de tems à des explications inutiles qui m'attendriſſoient & qui renouvelloient à chaque inſtant mes remords, je changeai tout-à-coup d'entretien, & je me mis en devoir de faire mon métier. Je n'eus point de peine à le mettre en humeur. Ce commencement de connoiſſance, quoique mal éclairci de ma part, lui donnoit quelque goût pour moi : il voulut coucher au logis, & donna ſes ordres pour le ſouper. Mille ſcrupules alors vinrent m'agiter ? je fus extrêmement

ment triſte à table, malgré les careſſes & la gayeté de chaque convive. L'incertitude de mon origine à laquelle il avoit bonne part, & l'idée de la paternité que mon cœur lui déféroit pourtant avec une ſecrette ſatisfaction, empoiſonnoient d'avance toutes les douceurs que ſa figure me promettoit; il fallut terminer l'avanture. Je me couchai, fort irréſoluë ſur le parti que j'avois à prendre, & j'étois prête à mettre un frein à ſes brûlans deſirs, quand mon cruel tempérament vint à ſon ſecours. A peine eus-je ſenti ſes approches que j'allai au-devant de ſes tranſports, je l'embraſſai avec une fureur que je n'ai jamais ſentie. Si la nature me fit alors éprouver quelques mouvemens, ils ſe confondirent dans ceux de l'amour. Et (je le dis avec horreur) peut-être hélas! ne firent-ils qu'augmenter la vivacité. Il faisoit chaud, nous nous mîmes tous nuds. Que mon cher pere étoit aimable, s'il est possible que ce fut mon pere; il baisa mille fois toutes les parties de mon corps, & mille fois ma bouche parcourut le sien. Pardonnez-moi, ma Sœur, un peu de foiblesse, encore quelques coups de crayon. Je ne sçaurois peindre trop vivement un crime dont je dois sans cesse rougir. O Mirrha! quelque idée que nous donne la fable de votre emportement pour le beau Cynnire, il ne pouvoit approcher du mien. Après m'être plongée dans un torrent de délices, des remords importuns succédent. Hélas! pour le plaisir que me donnoit Duvilly, je lui faisois un pré-

présent bien funeſte ; le venin couloit avec le miel. Je lui préparois ſur un lit de roſes de cruelles épines, & le poiſon que je diſtillois faiſoit des impreſſions d'autant plus profondes, qu'il étoit aſſaiſonné par un plaiſir plus vif. La nuit, qui fut courte, fut bien employée, un leger aſſoupiſſement amena le jour. Duvilly fut alerte de grand matin, & preſſé de ſe retirer, m'embraſſoit pour me dire adieu, lorſqu'il me vint une idée ſinguliére. Je me fis d'une robe d'étamine que portoit une de mes compagnes un habit de Religieuſe, j'y ajoutai la guimpe & le voile, & dans cet état ſautant à ſon col, je le ſerrois amoureuſement dans mes bras. Il me trouva jolie ſous cette maſcarade, & frappé plus vivement encore que la veille de la reſſemblance qu'il me trouvoit avec ma mere, je vis avec un ſecret plaiſir tout l'effet que cette idée fit ſur lui. Je voulois que ſous cet habillement il me donnât les derniers gages de ſon amour, il me parut reculer d'horreur. Je me précipitai ſur lui, & l'ayant entraîné ſur le lit à force de careſſes, je l'amenai à mon but. Je goûtai dans ce moment, à ce qu'il me ſemble, encore plus de plaiſir que la nuit, & je m'apperçus que ſon imagination l'avoit admirablement ſervi. Nous nous ſeparâmes très-contens l'un de l'autre, avec promeſſe de renouer la partie. Je ne ſçai pas quelles auroient été les ſuites de cette avanture, mais je fus enlevée deux jours après par ordre du Roi.

„ Un jeune homme de 15 à

„ 16

„ 16 ans, fils d'un homme d'af-
„ faires, qui avoit vû Agnès trois
„ ou quatre fois, & avec qui elle
„ avoit partagé les fruits de ses
„ amoureux travaux, fut obligé
„ de confesser à sa famille d'où
„ lui venoit cette aubaine ; &
„ ayant bien désigné le nom, la
„ demeure & la profession d'A-
„ gnès, on obtint un ordre du
„ Roi pour la faire mettre à l'Hô-
„ pital". Cependant comme dans l'état où j'étois (dit-elle) avant de respirer l'air de ce salutaire séjour, il faut passer par la *Piscine probatique*, on m'envoya préalablement à Bissêtre. „ Peinture affreu-
„ se de cette maison. Description
„ des suites de la vérole".

Dans tous les incidens de ma vie, continuë Agnès, je n'avois point encore fait de reflexions ;

 mais

mais combien ne déplorai-je point mon état, quand je me vis confonduë sous l'arche, avec les plus viles Prostituées. Je leur voyois payer le tribut amer des plaisirs qu'elles avoient donnés, la plûpart sans les partager comme je faisois ; & peut-être étois-je la plus coupable ou la plus justement punie. „ Au sortir de Bissêtre, où
„ elle est trois mois, Agnès est re-
„ mise à la Salpétriere : quoiqu'-
„ elle y fût en païs de connoissan-
„ ce, elle s'y déplaît encore plus
„ que la premiere fois, & prend
„ une serieuse resolution de chan-
„ ger de vie. Le tems de sa péni-
„ tence expire, elle cherche les
„ moyens d'entrer parmi les Sœurs
„ Grises, elle en vint à bout, &
„ prend l'habit.

„ Pendant six mois de sejour
„ dans

„ dans cette Communauté, elle „ ſe lie avec une Sœur fort aima- „ ble, qui étoit bâtarde de la „ Fillon; bientôt elles devien- „ nent amans & maîtreſſes. La „ derniere la fortifie dans l'éloi- „ gnement où elle ſemble être „ alors pour tous les hommes en „ général, & dans la fuite du „ monde, (converſion à ce ſu- „ jet, où l'on voit un mélange de „ dévotion & de libertinage.)

„ Agnès devenuë *Tribade & Tri-* „ *bade* outrée, croit avoir entié- „ rement oublié les hommes, „ quand un jeune Prêtre qu'on „ lui donne pour Confeſſeur de- „ vient amoureux d'elle. Leurs „ fréquentes entrevûës au con- „ feſſionnal, lui redonnent inſen- „ ſiblement du goût pour notre „ ſexe, elle ſe réfroidit de jour

 „ en

„ en jour pour ſa compagne, & „ ayant confié ſa foibleſſe au Prê„ tre, il acheve bientôt ſa con„ verſion. Ce nouvel Amant en „ homme expérimenté, craignant „ une rechûte, lui fait quitter les „ Sœurs Griſes, & la met en cham„ bre ; ils vivent aſſez paiſible„ ment quelques mois enſemble : „ elle ne voyoit que des dévotes „ & elle l'étoit elle-même. Ces „ liaiſons la conduiſent à faire „ connoiſſance avec des convul„ ſioniſtes. Une petite Veuve, ini„ tiée depuis ſix mois, affection„ ne Agnès, ſon Directeur mal„ heureuſement étoit Moliniſte ; „ la convulſionnaire entreprend „ de la détacher & en vient à bout ; „ elle lui donne un Amant Janſe„ niſte, & bientôt elle devient „ convulſionnaire elle-même.

„ Diſ-

„ Disgressions plaisantes sur les
„ convulsions, descriptions de
„ quelques scenes où elles servent
„ de voile au libertinage. Agnès
„ se rend célébre sous le nom de
„ Sœur Petronille. Avantures qui
„ lui arrivent. On vient pour
„ l'arrêter, elle se sauve Cet in-
„ cident joint au discrédit où sont
„ tombées les convulsions, la dé-
„ goûte de ce genre de vie, elle
„ prend la résolution de se ren-
„ dre au monde & de rentrer
„ dans la carriere. Elle quitte son
„ Amant Janséniste, & déménage
„ sans trompette. Elle s'associe
„ avec une ancienne amie de Col-
„ lége, & elles ouvrent boutique
„ à frais communs. Les commen-
„ cemens de leur commerce ne
„ sont pas brillans, il fallut se
„ borner d'abord à la Livrée, mais
„ on

„ on s'éleva peu à peu jufqu'au
„ Bourgeois. Elle erre ainfi fous
„ differens noms dans les quar-
„ tiers les plus vivans de Paris,
„ changeant tous les deux ou trois
„ mois de logis ; enfin ayant pris
„ le goût & l'efprit du commerce,
„ elle fe fepare de fon affociée,
„ dans le deffein de lever elle-
„ même une boutique & de tra-
„ vailler pour fon compte. Elle
„ fe meuble convenablement de
„ l'argent qu'elle avoit amaffé &
„ s'établit. Sa réputation & fa
„ bonne conduite lui firent en
„ peu de tems une brillante mai-
„ fon Elle avoit fept à huit fil-
„ les du premier ordre pour la
„ jeuneffe & la beauté, fans comp-
„ ter les femmes mariées qui ve-
„ noient travailler chez elle. Elle
„ avoit eu foin de s'abonner avec

„ le

„ le Commiſſaire du quartier qui „ étoit ſon penſionnaire, & deux „ Exempts qui avoient leur franc-„ ſalé chez elle, étayoient de „ leur appui celui de l'Enquê-„ teur ". J'avois mis, dit-elle, une police admirable chez moi, j'avois de petits appartemens très-commodes, cabinets, dégagemens, eſcaliers dérobés, rien ne manquoit. Je recevois peu de Militaires & de jeunes gens, ſi ce n'étoit quelques enfans de finance, dont la ſageſſe m'étoit connuë, mais beaucoup de Robins ou gens du Palais, de bons Peres de famille & de gros Marchands. J'avois ſurtout force Eccléſiaſtiques, c'eſt-à-dire, peu ou point de Séminariſtes, car ils ſont preſque auſſi mutins que des Mouſquetaires; mais de bons Prieurs & nombre de Chanoines : Quant aux Moines, je recevois peu de Cordeliers, (ils ſont tapageurs) mais des Jacobins, des Prémontrés, des Victorins, des Céleſtins &c.

Je fourniſſois encore quelques Fermiers Généraux, & une bonne partie de Noſſeigneurs du Clergé. Oh! que de pucelages vendus, refaits & payés encore plus chers la dixiéme fois que la premiere. Combien de filles, après dix ans de ſervice, données & employées pour neuves, j'aurois fait paſſer une furie, pour un morceau de Prince! Que de femmes mariées dont le goût pour les plaiſirs commodes contribuoit encore à groſſir le tribut que je tirois du Public, & qui après avoir partagé chez moi les travaux & la fatigue du jour, m'abandonnoient généreuſement

reusement leurs honoraires. „ Hist„ toire de la Duchapt célébre „ Marchande de modes ”.

Je conduisois ainsi ma petite barque à merveille, & j'étois à la veille d'aller plus loin que *la Paris*, *la Maupoint* , *la Florence*, lorsqu'un accident renversa toute ma fortune. Je vivois avec un Officier de Milice, qui s'étoit dit-on reformé lui-même, & qui m'avoit pris sous sa protection. Il n'avoit que le défaut de s'enyvrer & d'être un peu brutal quand il avoit bû , à cela près, c'étoit le meilleur enfant du monde; & pourvû qu'on le laissât à table, on le menoit comme un mouton. Un jour il vint chez moi des jeunes gens qui me furent envoyés par une femme du monde, dont j'avois débauché une bonne pratique; c'étoit un vieux Notaire très-

très-riche, & qui payoit comme un Mylord pour être amusé seulement. Ils étoient un régiment en deux ou trois bandes. Je voulus d'abord leur faire refuser la porte, ils forcerent le domestique, & se mirent en possession du logis: nous n'étions que des femmes alors. Deux honnetes Ecclésiastiques, un Directeur d'une Communauté & l'autre célébre Prédicateur, venoient d'entrer, ils s'esquiverent à la vûë de ces libertins. La pétulante cohuë fut d'abord choquée, qu'on eut fait difficulté de l'introduire; je les menaçai du Commissaire. A peine eus je prononcé le nom, qu'ils s'attaquerent à mes meubles, & se mirent à briser tout ce qu'ils rencontrerent: menaces, prieres, caresses, rien n'arrêtoit ces furieux. Un

bru-

brutal ſur quelques repréſentations que je voulus faire, parce qu'il extramaçonnoit contre mes glaces, tourna ſa fureur contre moi, & me mit le viſage en pieces. Mon pauvre Officier de Milice, conduit par ſa mauvaiſe étoile, arrive au milieu de tout ce déſaſtre; & comme il n'étoit pas le plus fort, malgré l'état où il me voyoit, il prenoit de lui-même le parti de la conciliation: on le veut faire ſauter par la fenêtre, avec les meubles qui commençoient à prendre cette route. A force de le harceler, il tire l'épée & bleſſe un jeune homme, trois autres auſſi-tôt tombent ſur lui & le laiſſent étendu ſur la place: voilà toute la maiſon & le voiſinage en rumeur. Que faire dans cette extrêmité? Je ne penſe plus qu'à mon ſalut, je prends

prends ſur moi ce que j'avois d'argent, & je me dérobe à la faveur du tumulte : le Commiſſaire & les Archers viennent & l'on verbaliſe.

Je ne ſçai plus ce que devint cette affaire, après m'être cachée pendant deux mois à l'extrêmité du Fauxbourg S. Jacques. Défigurée comme j'étois, je fis heureuſement connoiſſance avec des dévotes du quartier, je les priai de me procurer quelque retraite honnête ; elles avoient des habitudes aux Carmelites, & me propoſerent d'y entrer ſur le pied de Tourriere. Il en manquoit une, & ma mauvaiſe mine, caution de ma ſageſſe, n'effraya point ces bonnes Filles. C'eſt-là où depuis près de 15 ans je paſſe tranquillement mes jours, & que je donne à Dieu les reſtes d'une d'une vie fort inutile au monde. En vérité, ma chere Sœur, vous ne pourriez jamais me reconnoître, hélas! c'eſt tout ce que je regrette que ma figure ; mon printems étoit paſſé, je l'avouë, mais pouvois-je m'attendre à voir ſi-tôt terminer ma carriére?

FIN.

www.ingramcontent.com/pod-product-compliance
Ingram Content Group UK Ltd.
Pitfield, Milton Keynes, MK11 3LW, UK
UKHW020356180726
13839UKWH00003B/1133